AF281613

öpper het mini Chnöche vertuuschet

öpper het mini Chnöche vertuuschet

vertuuschet

Schweizerdeutsche Gedichte

von Ursula Hohler

mit einem Nachwort von
Hansjörg Schneider

© 2004 Ursula Hohler
Umschlagbild: Ursula Hohler
Foto: Christian Altorfer
Herstellung, Satz, Umschlagdesign und Verlag: Books on
Demand GmbH, Norderstedt
ISBN 3-8334-1858-3

Inhalt

Prolog

Geschter und hütt

Geschter
wo's hell worde isch
hei mi zum erschte mol wider d'Amsle gweckt
i der chüele Morgeluft und d'Freud
het mi fascht verschprängt

hütt
verwachi a mir
öpper het i der Nacht mini Chnöche vertuuschet
mit dene vonere alte Frau
und mis Härz schwär gmacht

I mim Traum hütt znacht

Hochhüser

I mim Traum hütt znacht
hei drü Hochhüüser brönnt

riesigi Flammesüüle
am schwarze Horizont
wie bim Challenger
z Florida

schtarch isch das gsi
hütt znacht
i mim Traum

S'Tigge vonere Uhr

Mängisch
durs Telefon
ghöri s'Tigge vonere Uhr
im Hintergrund
und plötzlich
gschpüri d'Ziit

mängisch
znacht
ghöri s'Tigge vom Wecker
und mues nomol ufstoh
und ne verschtecke
zum chönne schloofe

Zmitts i der Nacht

Zmitts i der Nacht
chunnt d'Angscht
und s'Zimmer
wird riesig

im Dunkle
ganz vorsichtig
fangi aa lose
öb du no schnuufsch

Traum

Hütt im Traum
het öpper nid chönne schtärbe
do het der Tod
s'Liecht abglöscht
und im Dunkle
afo singe

Dank

Einisch hani tröimt
i heig e Frau gseh
imene Schlofsaal
bette für anderi
und si heig ghofft
es dankere niemer
dass si äntlich chönn ufhöre

Do obe im Tal

Alpabzug I

Eine nach em andere
fahrt mit em Subaru und em Aahänger
hindere und chunnt zrugg
mitere Chue

nur no d'Schoof
chöme als Härde derthär
s'dunkt mi
si flüchte vor der Jagd wo morn aafoht

Alpabzug II

Wie das Tal Chüe schpeuzt
nid zum Glaube!
Chüe, Rinder und Chälbli
immer chöme no meh
und frässe unterwägs
überall no chli Gras

s'pressiert ne nid
äne am Brüggli
schtoht der Transporter
glii gits Metzgete im Tal
und es wär mer wöhler
i wär Vegetarierin

Der Blässli

Är isch jung
und gfräsig und schön
het gärn Milch und alts Brot
und cha nüt

als Buurehund
sött er doch chönne triibe?
der Blässli
bliibt lieber im Auto
oder hockt ab
und luegt zue
wie die andere schaffe

„dä tuet keim Tier öppis zleid"
säge d'Nochbere
wo sälber Jagdhünd hei
„hoffentlich
läbt er no lang"

Im Bärgtal

Übere Mittag
geitsche d'Murmeli
luut vo überall här:
der Fuchs! der Fuchs! der Fuchs!

dä macht sini Rundi
zmitts i de Chüe und Rindli
wie immer em Hang no
und übers Brüggli

mager isch er und chlii
i sim Summerfäll

aber au är läbt do
unter all dene
feisse Viecher

Wenn d'Sunne chunnt

Uf de Frauemänteli
nachem Räge
Wassertröpfe

schön
wie flüssigs Silber
wie Diamante vom Bärgkönig
wie-n-e Nachricht wo tröschtet

Wassertröpfe
nachem Räge
uf de Frauemänteli

Ferie

D'Schtilli
und s'Ruusche vom Bach
und s'Röhre
vomene Töff wiit wägg
und der hell klar Mond
gäge Morge wird's chüel
und foht a tröpfle
vilicht ischs der Kafi gsi
vilicht isches das wo chunnt
der Hund schloft rueig
und di andere au
nur i
bi wach

Im Curciusa

Hinderem Pass
e Hochebeni
wos keini Bäch het
nume no es Schtück Sumpf
und keini Wanderer
keini Chüe
und kei Militär am Himmel
und es isch eifach
ganz schtill

Früe am Morge

D'Manne si los am feufi
mit Tee und Schtigiise
und hei liisli gmacht
d'Frau het sich nomol umträit im Bett
und d'Chind hei sowieso pfuuset
drum
het niemer gseh
das e schwarzi Frau vorem Huus hockt
und lismet
oder
isch es e Schatte gsi näb der Schtäge?

Do obe im Tal

Do obe im Tal
schtöh di alte Fraue
i de iighagete Gärtli
und hacke und giesse und schnuufe schwär

wiiter ufe
möge si nümm
wos nomol es Tal het
e wiite grüen-graue Bode
und de nur no
Schtei und ewige Schnee

Unterwägs

Uf der Bärgwise
ligge d'Schtei
wie Chöpf vo Schlange vo früener

vilicht
findi es Fäderli
oder es Feeringli
oder
susch öppis Schöns

Bergalger Rhy

Ufemene Schtei
am Fluss hocke
und em Wasser nohluege
wo do obe so klar isch
wie schpöter nie meh

Züri

Chürzlech

Chürzlech isch im Chreis 11
e Pfau
bi Rot
eifach übere Fuessgängerstreife gange

gopferdami das git's doch nid
sone Souerei!
überfahre sött me dä
goht's no

Auguscht

Der Himmel
so klar und wiit offe
wie susch nie
i der Schtadt

der Sichelmond
gschtoche wiiss
und d'Schtärne
so läbig und hell

d'Nachtluft foht aa
nach Herbscht und Winter schmöcke

Limmatquai im Novämber

Nei
er chotzt nid übers Gländer
er isch zwar dünn
und schäbig aagleit
aber er schafft nur
a de Chlemme
vo de Chrischtböim
für d' Wienachtsdekoration

Oerlike

Hüt zobe
hei uf der füechte Schtrooss
d'Liechter vom Sexshop
und d'Farbe vom Neumärt glänzt
und es het nach Füür gschmöckt
und nach Läbe
öppis isch verwachet
woni scho fascht
vergässe gha ha
im Novämber-Eländ

Tuube

S'het eini verwütscht
uf der Schtäge zum Briefchaschte
ligge nur no d'Fädere
mit e chli Bluet dra

Fisch

Hütt hani
d'Fisch usgwicklet vom Märet
und bi plötzlich verschrocke
ab de Todesazeige
ufem Ziitigspapier

Vom verlorene Fride

Wenn d'Sunne
im Hallebad
mit em Wasser schpilt
chani flüüge
zwüsche Himmel und Aerde

usser d'Läbesretter
sige grad am üebe

Guete Morge Oerlike

Ständer mit Uusverchaufschleider
chläppere übere Parkplatz und winke verläbt

eine imene wiisse Mantel schtosst
der Güggeli-Inkubator wider i d'Ladestross

vorne bim Bahnhof verteile Jungi e Ziitig
usem Imbiss-Wägeli dampfet's fettig und warm

zwöi Mönet Kreta oder Sri Lanka sige fascht gratis:
nid schlächt, wenn's nume dört
keini Schwiizer hätt!

schnäll bi de Blick-Schlagziile verbi
und der Bus-Haltstell
jetz mues i fürsi mache

s'isch Mäntig
s'foht alls wider aa

Happy New Year Switzerland

Der ganz Limmatquai
voll Schärbe
überall Lüüt
und zmitts drin
es Lokalradiowägeli
mitemene Wettbewärb
zum Mitmache
wär am wiitischte cha gumpe

Züri I

D'Luschtgärte
bräche fascht zäme
under de Cüplitrinker

Downtown Switzerland
goht d'Poscht ab
a de Parties
i de lääre Fabrikhalle

irgendwo im Dunkle
schlöh Jungi
anderi Jungi
zäme

Züri II

Wenn s'Telefon verruckt schpilt
und d'Wält der Briefchaschte verschtopft
wenn d'Milch aaghocket isch
und alli öppis wei
mache mer no e Rundi im Quartier
zum üs entspanne

wemer Päch hei
schtinkt's vom Hageholz
de müemer üs halt entspanne
oni z'schnuufe

Züri III

Was würd mir
vo Züri
fähle?

di milde Summernächt
i der Altstadt
und a der Limmat

s'Läbe i mim Quartier
mit de Schuelhüüser
und de schpazierende Hört

der Märtplatz amene schöne Tag
wenn alli verusse hocke
und sogar d'Tramhaltstell

d'Surprise-Verchäufer
am Bahnhof und d'Schtrossemusikante
wo Ziit hei

und die gschalete Gschtresste
und die Gschpiidete
wo kei Ziit hei

si alli mit irne Gschichte
das ganze Gnuusch
vo däm Züri
das würd mir
glaub
fähle

Duurzug

Wo mir uf Züri cho si
isch si vo Aafang aa im Multimärt
a der Kasse gsässe
immer hässig
het si gäge di junge Kolleginne giftlet
und übere Duurzug gchlagt

mir wär's lieber gsi
si hätt einisch glachet
uf irem schächt zahlte Dräischtuel
aber gseit oder gmacht hani nüt

wos äntlich e Windschutz gäh het
hani se nie meh gseh

Schtimmige

Wenn d'Lüüt schtinke vor Unglück
und Wägwärfziitige frässe im Tram
hocksch hilflos do
und wartisch druuf
bis si se wider chotze
oder es Natel lüütet

Die drü Prinzässinne

I ha se
im Vierzähner gseh:

die erschti chunnt
us Arabie
die zwöiti chunnt
us Asie
die dritti chunnt
us Afrika

die Chliinschti treit e Brülle
und het es Prinzässinne-Chinzgi-Täschli
die Mittleri treit es Jeans-Jäggli
und het e glänzigi Gürtel-Schnalle
die Ältischti het langi schwarzi Hoor
und neui Turnschue

zäme rede si Schwiizerdütsch
und si heis nid eifach bi üs
me merkt
si passe ufenand uuf

Vorem Abreise

Krankenkasse
Berlin faxen
Zahlungen
Yoga absagen
Termin Herr E. versch.
Timmy tel.
Milch

De chani goh

Am Ortasee

Schlüssel richtig dräie
Äsche usebutze
aafüüre i der Chuchi
zum Wasser obtue für öppis Warms

lüfte i der Stube
Schpinnehuppele wägnäh
Büechli uf d'Siite ruume
us frömde Chindheite

der Haupthahne sueche
ufem Schteibänkli hocke
dureschnuufe
Züri losloh

Fraue

Schwarzi Madonna

D'Madonna
sig lang im Rauch
vo Cherze und Weihrauch gschtande
bis d'Franzose cho si
do heig me se müese vergrabe
und si sig schwarz wider fürecho

vo denn aa
heige d'Lüüt welle
dass si so bliibt

Hüener im Güggelhof

(zum 3.3.1993)

Meh als hundert Güggel
hei müese chräie
uf irem Bundeshuus-Mischt
bis mir Hüener
äntlich alli verwachet si
und begriffe hei
die scharre ewig wiiter
und merke nüt
wenn mir üs
nid wehre

Musikerin

Dere zahle mer nüt
Schwiizerinne si sowieso riich

Die chunnt sicher umsusch
si isch no jung und mues Erfahrige sammle

Die läbt elei und bruucht wenig
und s'gemeinsame Ässe isch jo de gratis

Leider isch s'Budget knapp
Gottseidank isch si verhürootet

Wenn si nid ghürote wär
müesste mer luege

das mer öpper Jungs finde
langsam wird si
alt

Fraue am Sünnele

„Was macht au d'Roswitha?"
„I gseh si immer öppe
si macht das gschickt:
du weisch jo
em Max
isches immer
e chli langwiilig mit ire
drum luegt si halt
dass si jede Obe Bsuech hei ,
de goht das guet -"

voll Schreck bini gflüchtet
zum nümme ghöre
was au d'Maria macht

Arnika oder nid

Weisch du, dass das nume Gämswurz isch
und gar nid Arnika?
weisch du, dass das nume Gämswurz isch
und gar nid?
weisch du, dass das nume Gämswurz?

nei i weis es nid
nei
neineinei!

Schwöschtere

Schwöschtere, Schwöschtere
über die ganzi Wält
eini schtinkt
eini schilet
eini wott abnäh

eini chlaut
eini macht der Schtrich
und mues mit blöde Type
Champagner trinke
eini hüület und goht
doch immer zrugg zum Alte

eini närvt eim
mit irem Range Rover
und irne sibetuusig Angorajäggli

Schwöschtere, Schwöschtere
Fraue wärde verachtet
das tuet weh
und mir verachte enand
dasch au nid besser

Klinik

Bildet euch nid ii
dir wüssed wär i bi
bildet euch nid ii
dir kennet mi Schtärn
und dörfed öppis drüber säge
mini Seel
isch frei
und het nid uf euch Tuble gwartet

Family

D'Geburt isch ring gsi

D'Geburt isch ring gsi
äs het guet trunke
und alles gässe, wo's verwütscht het
äs isch es Fägnäscht gsi
und immer am Zable und Renne
äs het sälte brüelet,
aber de nümm chönne höre

schpöter isch äs vill uf de Böim ghocket
und het gläse
aber wo-n-äs het welle Giige schpile,
hemmir gseit
mir hei es Klavier

äs het immer der Zahnarzt vergässe
und äs behauptet
äs erinneri sich a nüt

Foti I

Si schtoht im Matrosechleid
amene Gatter
und hebt e Huet
öppe zwänzgi
e chli rundlich
und ärnscht
mit weiche Hoor
s'Bild isch nid ganz scharf
si schtirbt früe
mini Grossmuetter Marie-Louise
i ha se nie kennt

Foti II

En alti Chräie inere Huube
und e Jungi mitem gliiche Muul
dervor zwöi schtilli Chind

der Bueb wird Dokter
s'Meitli hürotet e Fabrikant
beidi
si chli abverheit

Foti III

Es jungs Meitli
z'Cattolica i Shorts
mit blutte Bei und Zöpf
ufemene Schiff wo schwankt
das isch s'Bild
vo mim Vatter
sinere Tochter
also vo mir

Widebaum

Mi Widebaum
isch im Garte vom Grossvater gschtande
und schpöter a der Aare
woni s'erscht mol ab em Ross gheit bi
und denn
i mängem Park und am Fluss
und am Schwielo-See z Berlin
und i hane ghebet
weni dänkt ha
i wär gschiider öppis eifachers worde
oder
nümm gwüsst ha wie wiiter

grad jetz wachst er
ganz i der Nöchi bim Sportplatz
und i go gärn verbi
zum em danke
und luege
was er so macht

Mini Händ

Vo wäm hani mini Händ?
vo mim Psychiater-Vater?
oder minere fröhliche unterdrückte Mueter?
vom Bänkler- oder vom Pfarrer-Grossvater?
vo minere Grossmuetter Marie-Louise
oder vo der böse Frau Pfarrer
geborene B.?
vom Urgossvater wo d'Burbaki entwaffnet het
oder vo däm, wo Zeppelin gfloge isch?
vo de Urgossmüettere
wos au mues gä ha?
vo no wiiter ewägg -
vo verhärmte oder vo stolze Fraue
wo mit reformierte Luzärner und Hugenotte-Helde
im Bett gläge si?

oder
vomene Zigüner
vomene Internierte
vomene frömde Fötzel
vo eim, wo schön gsunge het?

Söttigs Züüg überleggi am Notebook
statt fürsi z'mache mit mim Artikel

Heb Sorg

Legg di warm aa
nimm e Schirm mit
pass uf unterwägs
heb Sorg

und s'Gält
und s'Abo
und d'Brülle

was söll das?
natürlich hebt er nid Sorg
wenn er nid wott!

und susch würd er einewäg ufpasse
soublöd
s'nöchschte mol sägi nüt

Ritual

Chumm
hock ab
mir mache
e Tasse Tee
und rede

chumm
mer zünde e Cherze aa
und trinke es Glesli Wii
ufem Balkon

Märet

Di alti Frau
mini Schwiger-Grossmuetter
isch ame vom Altersheim
ufe Märet gange
und het e chli Lauch
oder e Chöli kauft
und de verschänkt

Plasticseck

Blitzschnell si d'Bohne
im gäbige Plasticsack
söli öppis säge oder nüt?
söli luut rüefe bis zur Woog übere
i bruuchi e keine?
Fraue wo rächt hei si öppis Schrecklichs
Und unerträglich, wenn si no rüefe
Drum hets bi mir deheim
Sovill Plasticseck

Är het es Zimmer gfunde

Natürlech
isches guet so
i sälber hane
meh als einisch
welle usegheie
und ha scho lang gwüsst
das dä Tag emol chunnt

aber jetz
isches gliich läär
s'Chäre wägem Chübelsack
und em Abwäsche
fählt mer scho
und i darf nid dra dänke
wies im Winter wird
wenn sis Zimmer
dunkel isch
bim heicho

Familie

Bim Zimmer zügle
heisi immer alls ine Schachtle gheit
und iri Näme druf gschribe

jetz schtoni
mit em Langlaufzüüg ufem Eschtrich
und dänke:
das isch kei Lösig

I dinere Chuchi

Am Chüelschrank
hanget e Chinderzeichnig
vo früener
näbem Witz vonere Chue
und em Zahnarztzedeli

mir hei
immer no nid
gredt über alls
und vilicht
chunnt's nie derzue

Ufruume

Jetz wo d'Änkel au duss si
tuet s'Ufruume dopplet weh
s'git kei Grund meh
zum d'Lätzli bhalte
und d'Bilderbüecher
und s'Sändelizüüg
au i
wott se nid

Muetter

Grad no
hesch gseit
du chönisch jetz nümm aalüüte
will der Telefonbeantworter immer sägi
i sig am Wösch zämelegge

jetz chan i dir
au nümm aalüüte
und i dim Zimmer
wohnt öpper anders

Alt

Was wird ächt us üs
wenn mer alt wärde?
mir si jo scho alt
aber richtig alt?

weni d'Stäge abgumpe
dänki: einisch gumpi nümm
weni s'Adrässbüechli uufmache
dänki: s'het schon aagfange
mit em Striiche
weni es Lieblingsbuech i d'Hand nime
dänki as Uufrume vo der Bibliothek

s'Espressomaschineli ufe Härd schtelle
de Vögel zueluege im Baum
der Räge schmöcke bim Usegoh
der Mond begrüesse
Irgendemol isches s'letschte mol
Und de simer richtig alt
und richtig tot

S'Läbe

Dialog

Was isch au mit dim Aug?

hä?

s'gseht us wie wenn der öpper druuf ghaue hätt!

was??

lueg doch emol, dasch geschter noni gsi!

gopferteckel jetz las mi äntlech in Rue uufwache!

Schluss

Läck mer am Arsch
mir längt's
nid mit mir
das würd der grad eso passe
jetz isches fertig
no einisch chumi
und denn isches fertig
hesch ghört

Sie und Är

Si het sich trennt
vo im
und treit roti Schue
si isch e chli bleich
und zum verliebe schön

Är het sich trennt
vo ire
zum emol zu sich cho
und liit scho
im nöchschte Näscht

Unglück

Öpper
verzellt mer sis ganze Unglück
und i cha nid rächt lose
wil er mit eim Fuess
uf däm bruune Socke stoht
wo blöderwiis näbe der Tür liit
i mues mi immer nur zämenäh
zum nid zu däm Socke luege

Einsams Chind

Umarmed enand nur
und säged „hoi du
hoi Müsli, hoi Schatz
wie goht's?"

umarmed enand nur
und tötet die
wo niemer umarmt

Gross und blond

Im Hauptbahnhof
bini enere grosse Frau
mit lange blonde Hoor
so lang nogloffe
bis i ihres Gsicht
geseh ha

Si het nid dini Auge gha
nid dini Lippe
nid glachet wie du
du bisches nid gsi
du bisch
scho fascht föif Johr tot
und i sueche di
immer no

Ändi Juni

Am Obe
bliibt's länger hell
d'Gärte si grüen
und d'Mönsche veruss
mängisch schiffet's au
tagelang
der Summer chunnt no
aber der längscht Tag
isch scho verbii

Am Morge

Zum Glück git's Kafi
de gosch go jogge
de nimmsch e Duschi
de es Müesli
de packsch d'Mappe
alles tipptopp

Wie goht's?

Frog nid -
ufe und abe
Stress
und dir?

solang i kei Ziitig lise guet -
wo chaufsch au du immer die heisse Schue?
i ha grad alli Chleider
is Second Hand brocht

eigentlich schtinkt's mer hüt zobe
aber das isch jo nid diis Problem, sorry -
was mit em Chrigu Weiss sinere Schwöschter
passiert isch weisi au nid

weme usem Ussland zruggchunnt
isches halt immer wider e Schock
- nid nume denn
wenn't do bliibsch au!

Eigentlech schön
das öppe-n-öpper
Geburtstag het
de gseht me sich wider emol, gäll!

Nomol vo vorne afoo

Nomol vo vorne aafo
mit neuem Startkapital?
nomol vo vorne aafo
mit neue Lüüt?
nomol vo vorne aafo
amene andere Ort?
nomol vo vorne aafo
und all Tag meditiere?

nomol vo vorne aafo
mit Saxophon schpile?
nomol vo vorne aafo
mit neue Vorhäng?
nomol vo vorne aafo
inere neue Schprooch?
nomol vo vorne aafo
und gärtnere?

nomol vo vorne aafo
mitere neue Liebi?
nomol vo vorne aafo
und es Laptop chaufe?
nomol vo vorne aafo
oni Milchprodukt?
Nomol vo vorne aafo, eifach nomol vo vorne aafo?
Nei danke, im Momänt lieber nid

I verlange jo nid

I verlange jo nid dass
nei i verlange das gar nid
i verlange jo nume
i verlange jo nid meh als
i verlange jo fascht nüt
weme das nümme cha verlange
de weisi au nid, was i no söll verlange

Alti Manne

Eine humplet
zum Lift us
und stützt sich derbi
ufes Böckli
eine cha nur no
gäg abe luege
en andere
het keni Zähn meh
bisle im Schtoh
chunnt nümm i Frog
und s'het es Lüüti
für Notfäll
alli rede chli z'luut mit ine
alli usser der eigene Frau
wo so nuschlet und fascht nie chunnt
oder nüt seit
will si scho tot isch

Pensioniert

D'Parkplätz
i der Stadt
wärde au immer tüürer
drum näme mer gschider
e Tagescharte

am Morge gosch du
und am Nomittag i

Pfui Chindermörder

Nei
mir bringe keini Chind um
mir frässe nume
s'Brot vo de Chind vo der Wält
mir erzieh nume
di eigene Chind zum Kusche
mir zahle nume
kei Mueterschaftsgält und
schtriiche es paar Kredit
mir schisse nume
die Chind zäme
wo di falsche Eltere hei
mir hocke nur
vorem Färnseh
mir chöne leider
gar nüt mache
wenn d'Chind
erwachse wärde
und abem Chare gheie

Komposcht

Leider
schtinkts echli
vo de Nochbere
irem Komposcht
uf üsem Sitzplätzli
aber mir chöne nüt säge
üse Komposcht
isch au bim Sitzplatz
vom andere Nochber
das isch der einzig Ort
wo me ne
vo der Schtross us
nid gseht

Der tot Seehund

Schtund um Schtund
die ganzi Nacht
schloht s'Meer as Land
schloht immer wider
s'Meer as Land

am andere Tag
wird's äntlich hell
me gseht
es liit
öpps Grosses
am Schtrand

S'Läbe

Alls wo d'wottsch mache
het irgendöpper
irgendeinisch
scho mol probiert
s'isch zum Verzwiifle
aber bisch au
weniger einsam

D'Wält

D'Wält

Es Chinderhändschli
blüet amene Novämberstruuch
zerscht hanimi gfreut
de bini verschrocke
de bini verschrocke
das i verschrocke bi

Würm

Weme es Schtäckli wott ufläse
und het plötzlich e Wurm i der Hand
weme inere Gruppe isch
wo Chriesi mit Würm gässe het
wenn uuschunnt,
das d'Chind Würm hei
weme dra tänkt
me chönnt sälber Würm ha

Der Hund

Aer isch usem Wald cho
mit grosse Pfote
und bliibt bi üs
bis zum Dorf

erscht dört
dräit er ab
und sis dicke Füdli
verschwindet früntlich
hinter der Chile

är isch worschinlich
i eim vo dene
gschmacklose Hüser deheim
wo uf em Platz
baut worde si
wo me früener
bis uf Italie gseh het

D'Frau Müller

D'Frau Müller isch di erscht im Huus
wenn's Morge wird veruss
d'Frau Müller isch di erscht im Huus
und het als erschti Liecht
und vorem Färnseh brüelet si
das het si geschter gseit
und s'Trottoir wüscht si tadellos
das ghört me wiit und breit

d'Frau Müller isch die erscht im Herbscht
wenn's Nüss git a de Böim
d'Frau Müller isch die erscht im Herbscht
und isch als erschti duss
de passt si uf, de ghört me nüüt
nur d'Nüss si nümme do
kei Goof, kei Hund, kei Chopftuechfrau
söll eini übercho

Versicherigslogik

Wenn's de Lüüt z'wohl isch
schaffe si z'wenig
drum wird jetz
d'Cafeteria gschlosse
und au susch e chli
Dampf uufgsetzt und gschpart

was passiert
wenn's de Lüüt z'wenig wohl isch
chömmer nid au no überlegge

Vorteil

Wär hütt ghört
es gäb Änderige
wo gwüssi Vorteil heige
verschrickt

Im Parlamänt

Am Radio het's
einigermasse rächt tönt
nume die wone Färnseh hei
hei gseh
das niemer
niemerem zuelost

Alles

Vilicht hani alles falsch gmacht
aber
isch das nid e chli vill verlangt
das öpper
alles sell falsch gmacht ha
eifach alles?

Jösses

Jösses
hesch ghört
dä Bienehonig
heig gar nid
nach Bienehonig
gschmöckt

S'Härz zieht sich zäme

S'Härz zieht sich zäme

S' Härz zieht sich zäme
wenn's Bluet usem Färnseh tropft
und schreit
wenn si am Cheminée hocke
z Washington

None Nacht

None Nacht voll Angscht und Härzweh
d'Schtunde ghöre schloh
derzwüsche Tröim wo nüt fürsi goht

Was wird us öpperem

Was wird us öpperem
wo nüt isch
nüt cha
als liide
und
sini Angscht
uushalte?

was wird
us üs?

Warschauer Ghetto

Nüt bliibt zrugg
wenn e junge Mönsch
uf der Flucht im Kanal
a der Schissi verstickt
oder verschosse wird
oder z'Tod gschlage
kei vertrauti Bewegig
kei Schtimm
keis Lache
und glii au kei Name meh
nume d'Gschicht
das es öpper probiert het
isch no do

Epilog

Immer no do

Angscht du alti Schildchrot
bisch immer no do?

Und du au Muet
fräche Hund
mit em ewig junge Fäll
voll alti Narbe

Nachwort

Zu den schweizerdeutschen Gedichten

von Ursula Hohler

Ich lese gerne Gedichte. Ich mag die kurzen Momente, in denen Wörter aufleben, ihre Gestalt zeigen, ihre Einmaligkeit, ihren weit verzweigten Sinn. Ich mag ihr Zusammenspiel, wie sie sich gegenseitig helfen und vordemonstrieren, was wir Menschen an der Sprache haben.

Ich lese ein Gedicht gern mehrmals hinter einander, um es zu verstehen. Wenn ich es beim zehnten Mal immer noch nicht begreife, höre ich auf. Ich komme mir nicht gern als Trottel vor. Ich bin mit Brecht der Meinung, dass ein Gedicht ein Gebrauchsgegenstand sein soll. Ein Gedicht gebrauchen, heisst ein Gedicht verstehen.

Die Gedichte von Ursula Hohler, die ich hier kurz vorstellen darf, sind von einer erfrischenden Selbstverständlichkeit. Ich habe sie mit Freude gelesen, eines nach dem andern. Es sind Mitteilungen einer Frau, die mit offenen, wachen Augen durchs Leben geht und immer wieder Kraft und Musse findet, ein paar Wörter aufzuschreiben und so ein Zeichen zu setzen. Ein Zeichen über die Zeit, in der sie lebt. Ein Zeichen gegen die Zeit, die alles verwischt.

Diese Verse erzählen Geschichten, die wir alle erleben können, über die indessen kaum jemand redet, weil wir es verlernt haben.
Jener Moment z.B., in dem man mitten in der Nacht erwacht. Das Zimmer wirkt riesengross, und erschreckt lauscht man, ob nebenan jemand schnauft.

Oder eine Bergwiese mit Frauenmänteli, auf denen Regentropfen glänzen.

Der Ort, wo man wohnt. Zürich z.B. oder Oerlikon, es könnte auch Basel sein oder Langenthal. Der Zauber des Gewöhnlichen, der an diesem Ort aufschimmert.

Eine älter werdende Mutter, die ihre Kinder ausziehen sieht und ein bisschen darüber trauert, obschon sie weiss, dass es richtig ist.

Und das Erstaunen darüber, dass alles, was man tut, schon einmal getan worden ist, dass man also gar nicht so einsam ist, wie man sich fühlt.

Ursula Hohlers Gedichte sind schweizerdeutsch. Das hat nichts anderes zu bedeuten, als dass es in diesem Fall so am besten geht. Und es zeigt wieder einmal, wie selbstverständlich klar und schön die Mundart sein kann.

Hansjörg Schneider

Weitere Exemplare können Sie in Ihrer Buchhandlung
bestellen oder direkt bei der Autorin
(E-Mail: ursula.hohler@smile.ch / Fax 01 3123870)